Matthias Fiedler

Koncept inovativnog uparivanja ponude i potražnje nekretnina: Pojednostavljeno posredovanje u kupoprodaji nekretnina

Uparivanje ponude i potražnje nekretnina: Efikasno, lako i profesionalno posredovanje u kupoprodaji nekretnina sa inovativnim portalom za uparivanje ponude i potražnje nekretnina

Detalji o objavljivanju – *Impressum* | Pravno obaveštenje

1. izdanje štampane knjige | februar 2017. godine
(Originalno objavljeno na nemačkom jeziku, decembar 2016)

© 2016 Matthias Fiedler

Matthias Fiedler
Erika-von-Brockdorff-Str. 19
41352 Korschenbroich
Nemačka
www.matthiasfiedler.net

Štampanje i proizvodnja:
Pogledajte pečat na zadnjoj strani

Dizajn korica: Matthias Fiedler
Izrada e-knjige: Matthias Fiedler

ISBN-13 (knjiga sa mekim koricama): 978-3-947128-03-7
ISBN-13 (E-Book mobi): 978-3-947128-04-4
ISBN-13 (E-Book epub): 978-3-947128-05-1

Bibliografske informacije nemačke nacionalne biblioteke: Nemačka nacionalna biblioteka beleži ovu publikaciju u nemačkoj nacionalnoj biblioteci; detaljni bibliografski podaci su dostupni na internetu na http://dnb.d-nb.de.

PREGLED

U ovoj knjizi se objašnjava revolucionarni koncept portala (aplikacije) za uparivanje ponude i potražnje nekretnina dostupnog u celom svetu sa obračunom znatnog potencijala prodaje (milijardu dolara), koji je integrisan u softver agencija za nekretnine, uključujući procenu nekretnina (potencijal prodaje od trilion dolara).

To znači da posredovanje u kupovini ili iznajmljivanju stambenih i komercijalnih nekretnina, bez obzira da li vlasnik u njima boravi ili su iznajmljene, može biti efikasno uz uštedu vremena. To je budućnost inovativnog i profesionalnog posredovanja u kupoprodaji nekretninama za sve agente za nekretnine i vlasnike imovine. Uparivanje ponude i potražnje nekretnina radi u gotovo svim zemljama, a čak i između zemalja.

Umesto „donošenja " imovine kupcu ili zakupcu, sa portalom za uparivanje ponude i potražnje nekretnina, potencijalni kupci ili zakupci mogu da se kvalifikuju (profil za pretragu) a zatim upare i povežu sa imovinom koju nude agenti za nekretnine.

SADRŽAJ

PREDGOVOR

2011. godine sam osmislio i razvio ovde opisanu ideju za inovativni proces uparivanja ponude i potražnje nekretnina.

Od 1998. sam uključen u posao sa nekretninama (uključujući posredovanje u kupopradi nekretnina, kupovinu i prodaju, procenu, iznajmljivanje i razvoj imovine). Ja sam agent za nekretnine (IHK), ekonomista za nekretnine (ADI) i sertifikovani stručnjak za procenu nekretnina (DEKRA), kao i član međunarodno priznatog udruženja za nekretnine kraljevske institucije ovlašćenih procenitelja (MRICS).

Matthias Fiedler
Korschenbroich, 31.10.2016.
www.matthiasfiedler.net

1. Koncept inovativnog uparivanja ponude i potražnje nekretnina: Pojednostavljeno posredovanje u kupoprodaji nekretnina

Uparivanje ponude i potražnje nekretnina: Efikasno, lako i profesionalno posredovanje u kupoprodaji nekretnina sa inovativnim portalom za uparivanje ponude i potražnje nekretnina

Umesto „donošenja " imovine kupcu ili zakupcu, sa portalom (aplikacijom) za uparivanje ponude i potražnje nekretnina, potencijalni kupci ili zakupci mogu da se kvalifikuju (profil za pretragu) a zatim spoje i povežu sa imovinom koju nude agenti za nekretnine.

2. Ciljevi potencijalnih kupaca ili zakupaca i prodavaca imovine

Iz perspektive prodavaca i vlasnika nekretnina, važno je da prodaju ili iznajme svoju imovinu brzo i po najvišoj mogućoj ceni.

Iz perspektive potencijalnih kupaca i zakupaca, važno je naći odgovarajuću imovinu koja odgovara njihovim potrebama i da je mogu iznajmiti ili kupiti brže i lakše.

3. Prethodni pristupi potrazi za nekretninama

Obično, potencijalni kupci ili zakupci koriste velike portale za nekretnine na internetu kako bi našli imovinu na odgovarajućem području. Na tim portalima, oni mogu imati imovinu ili listu odogovarajućih veza za imovinu koje su im poslate e-poštom nakon što su postavili kratak profil za traženje nekretnina. Ovo se često radi na 2 do 3 portala za nekretnine. Nakon toga, prodavac seuglavnom kontaktira putem e-pošte. Kao rezultat toga, prodavac ili vlasnik dobija priliku i dozvolu da stupi u kontakt sa zainteresovanim licem.

Pored toga, potencijali kupci ili zakupci kontaktiraju pojedinačne agente za nekretnine u svom području i njima se pravi profil za pretragu. Provajderi na portalima za nekretnine dolaze iz privanog i komercijalnog sektora nekretnina.

Komercijalni provajderi su uglavnom agenti za nekretnine i u nekim slučajevima građevinske kompanije, posrednici nekretnina i druga preduzeća za nekretnine (u ovom tekstu, komercijalni provajderi se nazivaju agentima za nekretnine).

4. Nedostatak privatnih pružalaca / prednost agenata za nekretnine

Pri prodaji nekretnina, privatni prodavci ne mogu uvek da garantuju neposrednu prodaju. U slučaju nasleđene imovine, na primer, možda neće postojati koncenzus među naslednicima ili možda nedostaje potvrda o nasledstvu. Osim toga, nejasna pravna pitanja kao što je pravo boravka može da zakomplikuje prodaju.

Pri iznajmljivanju imanja, može se desiti da privatni vlasnik nije dobio zvanične dozvole, na primer one koje su potrebne za iznajmljivanje komercijalnog prostora kao mjesto boravka.

Kada agent za nekretnine deluje kao provajder, on je uglavnom već razjasnio prethodno navedene aspekte. Osim toga, svi bitni dokumenti o nekretnini (tlocrt, plan gradilišta, potvrda ispravnosti el. priključaka, registrovanje u katastar, zvanični dokumenti, itd) su uglavnom već dostupni. Kao rezultat toga, prodaja ili iznajmljivanje može biti završeno brzo i bez komplikacija.

5. Uparivanje ponude i potražnje nekretnina

U suštini, važan je sistematski i profesionalni pristup kako bi se prodavci i vlasnici spojili sa zainteresovanim kupcima ili zakupcima.

To se radi pristupom (ili procesom) koji je obrnuto fokusiran na proces traženja i pronalaženja između agenata za nekretnine i zainteresovanih lica. To znači umesto „donošenja" imovine kupcu ili zakupcu, sa portalom (aplikacijom) za spajanje odgovarajućeg kupca i prodavca, potencijalni kupci ili zakupci mogu da se kvalifikuju (profil za pretragu) a zatim spoje i povežu sa imovinom koju nude stvarni agenti za nekretnine.

U prvom koraku, potencijalni kupci ili zakupci postavljaju određeni profil za pretragu na portalu za uparivanje ponude i potražnje nekretnina. Ovaj profil za pretragu uključuje oko 20 karakteristika. Mogu biti uključene sledeće karakteristike (lista nije kompletna) i one su od suštinske važnosti za profil za pretragu.

- Regija / Poštanski broj / Grad
- Vrsta objekta
- Veličina imovine
- Životno okruženje
- Prodajna / cena iznajmljivanja
- Godina izgradnje
- Broj spratova
- Broj soba
- Iznajmljeno (da/ne)
- Podrum (da/ne)
- Balkon / terasa (da/ne)
- Način grejanja
- Parking prostor (da/ne)

Važno je to što se karakteristike ne unose ručno već se biraju klikom ili otvaranjem odgovarajućih polja (npr. vrsta imovine) sa liste unapred određenih mogućnosti/opcija (za vrstu imovine: stan, jedna porodična kuća, skladište, kancelarija, itd).

Ako je potrebno, zainteresovana lica mogu postaviti dodatne profile za pretragu. Takođe je moguće modifikovati profil za pretragu.

Pored toga, potencijalni kupci ili zakupci unose kompletne podatke za kontakt u odeđena polja. Ovo uključuje prezime, ime, ulicu, broj kuće, poštanski broj, grad, broj telefona i adresu e-pošte.
U tom kontekstu, zainteresovana lica pristaju da budu kontaktirana i da prime informacije o odgovarajućoj imovini od agenata za nekretnine.

Zainteresovana lica ovim takođe ulaze u kontakt sa operaterom portala za uparivanje ponude i potražnje nekretnina.

U sledećem koraku, profili za pretragu su dostupni povezanim agentima za nekretnine, putem interfejsa za programiranje aplikacija (ipa) – sličnom njemačkom interfejsu za programiranje „openimmo". Treba napomenuti da bi ovaj interfejs za programiranje - u osnovi, ključ za sprovođenje - trebalo da podrži ili garantuje transfer na skoro svako softver rešenje za nekretnine trenutno u upotrebi. Ako ovo nije slučaj, trebalo bi da se učini tehnološki mogućim. Zbog toga što već postoje interfejsi za programiranje u upotrebi, kao što je već pomenuti „openimmo", kao i ostali, treba da bude moguće preneti profil za pretragu.

Sada agenti za nekretnine upoređuju profil sa svojom imovinom trenutno na tržištu. Zbog toga, imovina se postavlja na portal za uparivanje ponude i potražnje nekretnina i upoređuje se i povezuje sa odgovarajućim karakteristikama. Nakon što se poređenje završi, generiše se izveštaj koji prikazuje podudaranje u procentima. Počevši od 50% podudaranja, profil za pretragu je vidljiv softveru agencije za nekretnine.

Individualne karakteristike su ponderisane jedna sa drugom (sistem bodovanja) tako da nakon poređenja karakteristika, određuje se procenat povezivanja (verovatnoća povezivanja). Na primer, karakteristika „vrsta imovine" je ponderisana više nego karakteristika „životno okruženje". Pored toga, mogu da se izaberu određene karakteristike (npr. podrum) koje imanje mora da ima.

U toku poređenja karakteristika za povezivanje, takođe se treba osigurati da agenti za nekretninu imaju pristup samo željenim (rezervisanim) regijama. Ovo smanjuje napor za poređenje podataka. Ovo je veoma važno s obzirom da agencije za nekretnine često rade na regionalnoj osnovi. Treba napomenuti da je kroz cloud rešenja danas moguće skladištiti i obraditi velike količine podataka.

Samo agenti za nekretnine dobijaju pristup profilima za pretragu kako bi se garantovalo posredovanje nekretninama.

U tom cilju, agenti za nekretnine sklapaju ugovor sa operaterom portala za uparivanje ponude i potražnje nekretnina.

Nakon odgovarajućeg poređenja/povezivanja, agent za nekretnine može da kontaktira zainteresovana lica i zainteresovana lica mogu da kontaktiraju agenta za nekretnine. Ako je agent za nekretnine poslao izveštaj potenicalnom kupci ili zakupcu, to takođe znači da je izveštaj o aktivnostima ili zahtev agenta za komisiju nekretnina dokumentovan u slučaju završene prodaje ili zakupa.

Ovo je pod uslovom da je vlasnik imovine (prodavac ili zemljoposednik) angažovao agenta za nekretnine za plasman imovine ili da je agentu data saglasnost da ponudi imovinu.

6. Obim primene

Opisano uparivanje ponude i potražnje nekretnina je primenjivo za prodaju i iznajmljivanje nekretnina u stambenom i komercijalnom sektoru. Za komercijalne nekretnine su potrebne odgovarajuće dodatne karakteristike.

Agent za nekretnine takođe može da bude na strani potencijalnih kupaca ili zakupaca, što je čest slučaj u praksi, na primer ako ga je klijent angažovao.

Kada je reč o geografskim regijama, portal za uparivanje ponude i potražnje nekretnina je primenjiv u skoro svakoj zemlji.

7. Prednosti

Ovaj proces uparivanje ponude i potražnje nekretnina pruža veliku prednost potencijalnim kupcima i prodavcima, bez obzira da li oni traže u svom kraju (mesto stanovanja) ili se sele u drugi grad ili region zbog razloga vezanih za posao. Oni treba samo da uđu u profil za pretragu jednom kada dobiju informacije o uparivanju ponude i potražnje nekretnina od agenata za nekretnine koji posluju u željenom regionu.

To daje velike prednosti agenatu za nekretnine, u pogledu efikasnosti i uštede vremena za prodaju ili iznajmljivanje.

Oni dobijaju neposredan pregled koliko je visoka mogućnost za konkretne zainteresovane strane u vezi sa svakom pojedinačnom imovinu koju im nudi.

Osim toga, agenti za nekretnine mogu direktno pristupiti njihovoj relevantnoj ciljnoj grupi koja je dala neka konkretna razmišljanja o njihovoj imovini iz "snova" u procesu formiranja njihovog profila pretrage. Kontakt može da se uspostavi, na primer, slanjem izveštaja o nekretninama. Ovo povećava kvalitet kontakta sa zainteresovanim stranama koji znaju šta traže. Takođe, smanjuje se broj narednih termina naknadnih pregleda nekretnina, što opet smanjuje ukupan marketinški period za nekretnine koje treba obezbediti.

Nakon što je potencijalni kupac ili zakupac pogledao imovinu koja se nudi, kupoprodajni ugovor ili zakup može se zaključiti kao u tradicionalnom marketingu nekretnina.

8. Obračun uzorka (potencijal) - samo stanovi i kuće u kojima žive vlasnici (bez iznajmljivanja stanova, kuća ili poslovnih objekata)

Sledeći primer će jasno pokazati potencijal portala za uparivanje ponude i potražnje nekretnina.

U geografskom području sa 250.000 stanovnika, kao što je grad Mehengladbah (Nemačka), postoji - statistički zaokruženo - oko 125.000 domaćinstava (2 stanovnika po domaćinstvu). Prosečna stopa preseljenja je oko 10%. To znači da se 12.500 domaćinstava godišnje preseli. Procenat kretanja iseljavanja van Menhengladbaha ovde nije uzet u obzir. Oko 10.000 domaćinstava (80%) traži nekretnine za iznajmljivanje a oko 2.500 domaćinstava (20%) traži nekretnine na prodaju.

U skladu sa izveštajem o tržištu nekretnina savetodavnog komiteta za grad Menhengladbah, u 2012. godini bilo je 2.613 kupovina nekretnina. Ovo potvrđuje prethodno pomenuti broj od 2.500 potencijalnih kupaca. Moglo je zaista biti i više, ali nije svaki potencijalni kupac bio u stanju da pronađe svoju idealnu nekretninu. Broj stvarno zainteresovanih potencijalnih kupaca - ili, konkretno, broj profila pretrage - procenjuje se da je duplo veći od prosečne stope preseljenja od oko 10%, odnosno 25.000 profila pretrage. Ovo uključuje mogućnost da su potencijalni kupci podesili više profila pretrage u portalu za uparivanje ponude i potražnje nekretnina.

Takođe treba napomenuti da na osnovu iskustva, oko polovine svih potencijalnih kupaca i zakupaca do sada je našlo svoju nekretninu sarađujući i sa agentom za nekretnine; dodavanjem do 6.250 domaćinstava.

Dosadašnje iskustvo pokazuje da je najmanje 70% svih domaćinstava tražilo nekretnine preko portala za nekretnine na internetu, što je ukupno 8.750 domaćinstava (odgovara 17.500 profila pretrage).

Ako 30% od svih potencijalnih kupaca i prodavaca, što znači 3.750 domaćinstava (ili 7.500 profila pretrage) gde je podešen profil pretrage sa portalom (aplikacijom) za uparivanje ponude i potražnje nekretnina za grad kao što je Mehengladbah, povezani agenti za nekretnine mogu da ponude odgovarajuće nekretnine potencijalnim kupcima preko 1.500 specifičnih profila pretrage (20%) a potencijalnim zakupcima preko 6.000 specifičnih profila pretrage (80%).

To znači da sa prosečnim pretraživanjem u trajanju od 10 meseci i cenom od 50 evra mesečno za svaki profil pretrage od strane potencijalnih kupaca ili zakupaca, postoji prodajni potencijal od 3,750,000 evra godišnje sa 7.500 profila pretrage za grad sa 250.000 stanovnika.

Polazeći od toga da je broj stanovnika Nemačke zaokružen na 80.000.000 (80 miliona) stanovnika, dolazimo do prodajnog potencijala od 1.200.000.000 evra (1,2 milijarde evra) godišnje. Ako je 40% od svih potencijalnih kupaca ili zakupaca tražilo svoju nekretninu kroz portal za uparivanje ponude i potražnje nekretnina umesto prethodnih 30%, prodajni potencijal će se povećati na 1.600.000.000 evra (1,6 milijardi evra) godišnje.

Prodajni potencijal se odnosi samo na stanove i kuće u kojima žive vlasnici. Iznajmljivanje i investicione nekretnine u stambenom sektoru nekretnina i ukupne u komercijalnom sektoru nekretnina nisu uključene u ovaj obračun potencijala.

Sa oko 50.000 firmi u Nemačkoj koje se bave posredovanjem u prometu nekretninama (uključujući agencije za nekretnine, građevinske kompanije, trgovce nekretninama i druge firme za nekretnine), sa oko 200.000 zaposlenih i učešćem od 20% ovih 50.000 firmi, koristeći portal za uparivanje ponude i potražnje nekretnina sa prosekom od 2 dozvole, dobijamo rezultat (primenom uzorka cene od 300 evra mesečno po dozvoli) da je prodajni potencijal 72.000.000 evra (72 miliona evra) godišnje. Osim toga, ako se implementira regionalno angažovanje lokalnih profila pretrage, može biti generisan značajan dodatni potencijal prodaje, u zavisnosti od dizajna.

Sa ovim ogromnim potencijalom mogućih kupaca i zakupaca sa specifičnim profilom pretrage, agenti za nekretnine ne moraju više da ažuriraju svoju bazu podataka zainteresovanih strana - ako je imaju. Pored toga, broj aktuelnih profila pretrage vrlo verovatno je veći od broja profila pretrage koje prave mnogi agenti za nekretnine u svojim bazama podataka.

Ako se ovaj inovativni portal za uparivanje ponude i potražnje nekretnina, koristi u nekoliko zemalja, potencijalni kupci iz Nemačke bi mogli, na primer, da naprave profil potražnje za stanovima za odmor na mediteranskom ostrvu Majorka (Španija) a povezani agenti za nekretnine u Majorci bi mogli predstaviti svoje odgovarajuće stanove svojim potencijalnim nemačkim klijentima putem e-pošte. Ako su izveštaji na španskom, potencijalni zakupci mogu u današnje vreme jednostavno da koriste program za prevođenje sa interneta i da brzo prevedu tekst na nemački.

Kako bi mogli da sprovedu uparivanje profila pretrage dostupne imovine bez jezičkih barijera, poređenje odgovarajućih karakteristika može da se uradi u okviru portala za uparivanje ponude i potražnje nekretnina, na osnovu programiranih (matematičkih) karakteristika, bez obzira na jezik, a da se odgovarajući jezik dodaje na kraju.

Kada koristite portal za uparivanje ponude i potražnje nekretnina na svim kontinentima, prethodno pomenuti prodajni potencijal (samo za one koji su zainteresovani za pretragu) bi vrlo jednostavno izračunat izgledao ovako.

Globalna populacija:
7.500.000.000 (7,5 milijardi) stanovnika

1. Stanovništvo u razvijenim zemljama i uglavnom industrijskim zemljama: 2.000.000.000 (2,0 milijarde) stanovnika

2. Stanovništvo u zemljama sa rastućom privredom:

4.000.000.000 (4,0 milijarde) stanovnika

3. Stanovništvo u zemljama u razvoju:

1.500.000.000 (1,5 milijardi) stanovnika

Godišnji potencijal prodaje za Nemačku se konvertuje i dobijeni planirani iznos je 1,2 milijardu evra sa 80 miliona stanovnika sa sledećim pretpostavljenim faktorima za industrijske, rastuće i zemlje u razvoju.

1. Razvijene zemlje: 1,0

2. Zemlje sa rastućom privredom: 0,4

3. Zemlje u razvoju: 0,1

Rezultat je sledeći godišnji prodajni potencijal (1,2 milijarde evra x broj stanovnika (razvijene, rastuće ili zemlje u razvoju) / 80 miliona stanovnika x faktor).

1. Zemlje sa razvijenom
   privredom: Evra   30,00 milijardi

2. Zemlje sa rastućom
   privredom: Evra   24,00 milijarde

3. Zemlje u
   razvoju: Evra   2,25 milijardi

Ukupno: Evra   56,25 milijardi

9. Zaključak

Ilustrovani portal za uparivanje ponude i potražnje nekretnina nudi značajne prednosti za one koji su u potrazi za nekretninama (zainteresovanim stranama) i agenatima za nekretnine.

1. Vreme potrebno za traženje odgovarajuće nekretnine značajno je smanjeno za zainteresovane strane, jer je potrebno samo da se jednom napravi njihov profil pretrage.

2. Agent za nekretnine dobija opšti pregled o broju potencijalnih kupaca ili zakupaca, uključujući informacije o njihovim specifičnim potrebama (profil pretrage).

3. Zainteresovane strane dobijaju samo željene rezultate ili one koji odgovaraju nekretninama (na osnovu profila pretrage)

od svih agenata za nekretnine (slično automatskom predizboru).

4. Agenti za nekretnine smanjuju svoje napore da održavaju svoju bazu profila pretrage, jer su mnogi aktuelni profili pretrage stalno dostupni.

5. Pošto su samo komercijalni dobavljači/pravi agenti za nekretnine povezani sa portalom za uparivanje ponude i potražnje nekretnina, potencijalni kupci ili zakupci mogu da rade sa iskusnim agentima za nekretnine.

6. Agenti za nekretnine smanjuju svoj broj termina za razgledanje i ukupan period nuđenja nekretnine na tržištu. Zauzvrat, broj termina za razgledanje za potencijalne kupce i zakupace se smanjuje, kao i vreme za sklapanje ugovora o kupovini ili zakupu.

7. Takođe, vlasnici imovine koja se prodaje ili iznajmljuje su uštedeli vreme. Osim toga postoje finansijske koristi, sa manje praznog vremena za iznajmljivanje nekretnine i pre uplate kupoprodaje nekretnine za prodaju, kao rezultat bržeg zakupa ili prodaje.

Primenom ovog koncepta uparivanja ponude i potražnje nekretnina može se postići značajan napredak u posredovanju u prometu nekretninama.

10. Integrisanje portala za uparivanje ponude i potražnje nekretnina u novi softver za agencije za nekretnine, uključujući procenu nekretnine

Kao konačni komentar, ovde opisan portal za uparivanje ponude i potražnje nekretnina može biti značajna komponenta novog - idealno globalno dostupnog - softverskog rešenja za agencije za nekretnine od samog početka. To znači da agenti za nekretnine mogu ili da upotrebe portal za uparivanje ponude i potražnje nekretnina pored svojih postojećih softverskih rešenja agencija za nekretnine, ili idealno da nova agencija za nekretnine koristi novo softversko rešenje, uključujući portal za uparivanje ponude i potražnje nekretnina.

Integracijom ovog efikasnog i inovativnog portala za uparivanje ponude i potražnje nekretnina u novi program agencije za nekretnine, stvorena je osnova jedinstvenog prodajnog mesta softvera za agencije za nekretnine i to će biti od suštinskog značaja za prodor na tržište.

Pošto će procena nekretnina i dalje biti suštinska komponenta agencije za nekretnine, softver agencije za nekretnine mora da ima integrisan mehanizam za ocenjivanje nekretnina. Proces procenjivanja nekretnine sa odgovarajućim metodama proračuna može da pristupi relevantnim parametrima podataka unesenih/sačuvanih nekretnina agencije za nekretnine. Isto tako, agent za nekretnine može nadoknaditi nedostajuće parametare sa svojom regionalnom tržišnom stručnošću.

Osim toga, softver agencije za nekretnine treba da ima mogućnost integrisanja virtuelnih obilazaka raspoloživih nekretnina. To bi se moglo lako implementirati kroz razvoj dodatnih aplikacija za mobilne telefone i/ili tablete koje mogu da snimaju i potom integrišu ili uključe virtuelnu turu za nekretnine - u velikoj meri automatski - u agencijski softver za nekretnine.

Ako je efikasni i inovativni portal za uparivanje ponude i potražnje nekretnina uključen u novi softver agencije za nekretnine zajedno sa procenom vrednosti nekretnine, mogućnost prodaje se ponovo značajno povećava.

Matthias Fiedler
Korschenbroich, 31.10.2016.

Matthias Fiedler
Erika-von-Brockdorff-Str. 19
41352 Korschenbroich
Nemačka
www.matthiasfiedler.net

www.ingramcontent.com/pod-product-compliance
Lightning Source LLC
Chambersburg PA
CBHW071529210326
41597CB00018B/2936